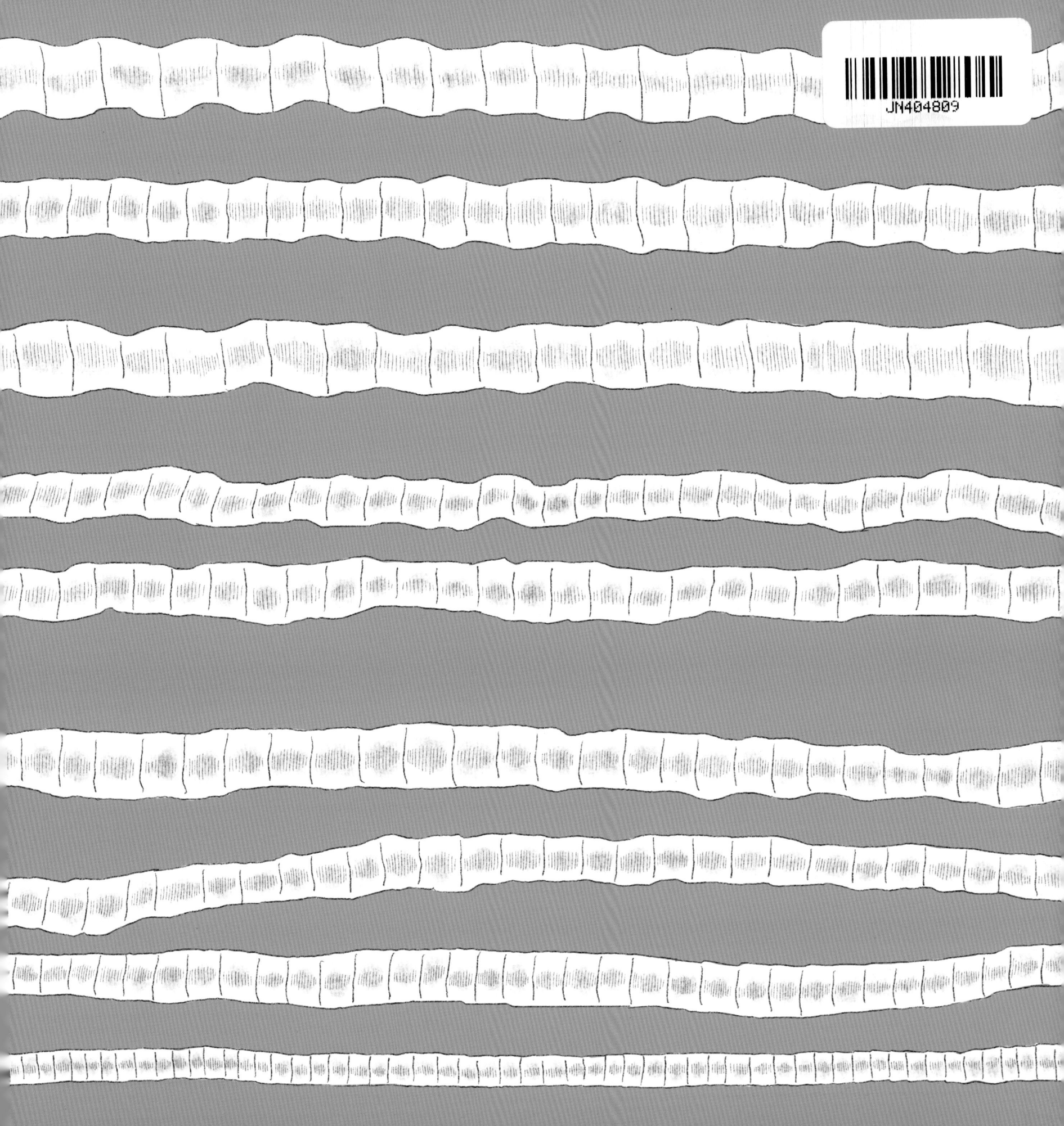

이승아 글·그림

"놀랍고 아름다운 기생충의 진짜 모습이 펼쳐집니다."라는 기생충박물관의 문구를 보고 흥미를 느낀 것을 시작으로
기생충의 세계에 매료되었습니다. 대학에서 회화를, 프랑스에서 조형 예술을 공부했습니다. 제6회 보림 창작스튜디오 과정에 선정되고,
제10회 상상만발책그림전에 당선되었습니다. 쓰고 그린 책으로 『해충 3대 비극』, 그린 책으로는 『밀웜 특공대』가 있습니다.

정봉광, 홍수지, 신혜주 감수

이 책의 내용을 꼼꼼하게 감수해 주신 세 분은 모두 기생충에 대해 연구하는 학자입니다.
정봉광 선생님은 서울대 의과대학에서 기생충학을 전공한 의학 박사로 부산대 의과대학 교수이고,
홍수지 선생님은 이화여대 의과대학에서 기생충학을 전공한 보건학 석사로 기생충박물관 연구원이며,
신혜주 선생님은 서울대 의과대학에서 해부학을 전공한 의학 석사로 기생충박물관 연구원입니다.

북극곰 궁금해 시리즈 30

2025년 10월 27일 초판 1쇄

글·그림 이승아 | 감수 정봉광, 홍수지, 신혜주
편집 김지선, 유순원, 이루리 | 디자인 윤현이, 이향령 | 마케팅 이상현, 신유정, 이창호
펴낸이 이순영 | 펴낸곳 북극곰 | 출판등록 2009년 6월 25일 (제 300-2009-73호)
주소 서울시 마포구 독막로 320 B106호 | 전화 02-359-5220 | 팩스 02-359-5221
이메일 bookgoodcome@gmail.com | 홈페이지 www.bookgoodcome.com
ISBN 979-11-6588-470-3 77080 | 979-11-89164-60-7(세트)

글·그림 ⓒ 이승아, 2025

이 책은 저작권자와의 독점 계약으로 북극곰에서 처음 출간되었습니다.
저작권법에 의해 보호를 받는 저작물이므로 무단 전재와 복제를 금합니다.

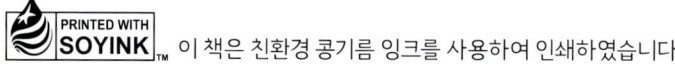

제품명:도서 | 제조자명:북극곰 | 제조국명:대한민국 | 사용연령:8세 이상
주의! 책 모서리가 날카로우니, 던지거나 떨어뜨려 다치지 않도록 주의하세요.
잘못된 책은 구입한 곳에서 바꾸어 드립니다.

이 책은 친환경 콩기름 잉크를 사용하여 인쇄하였습니다.

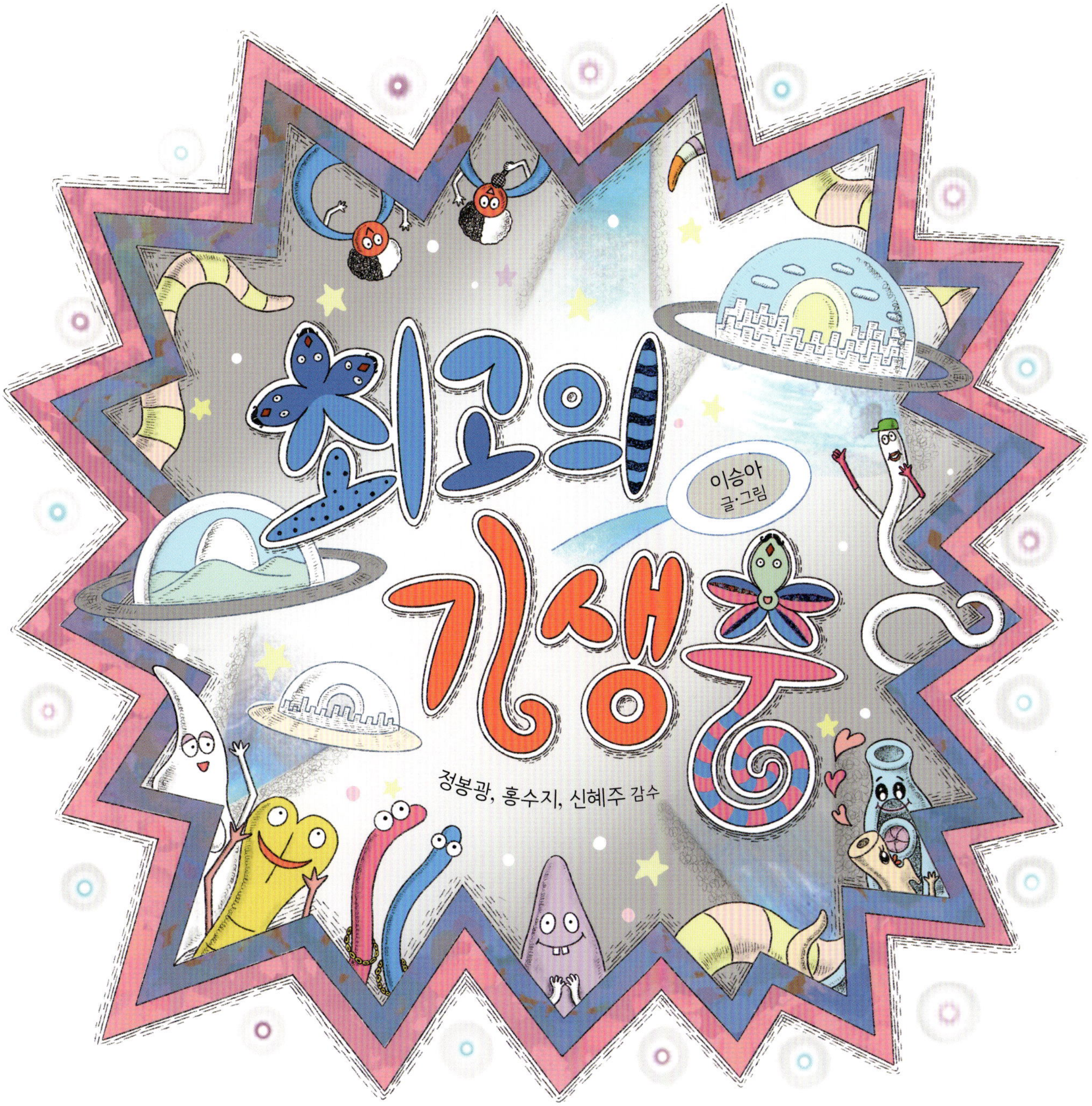

최고의 기생충

이승아 글·그림

정봉광, 홍수지, 신혜주 감수

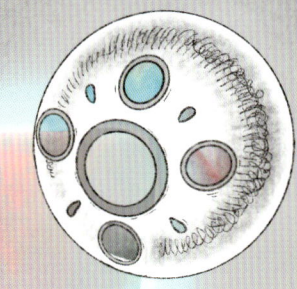

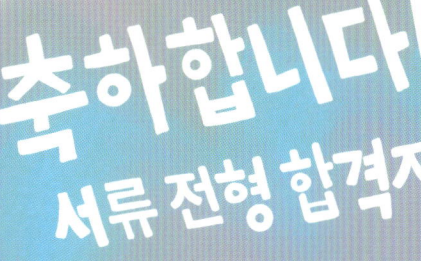

"지구에서도 살 만하지만 인간들이 끈질기게 우리를 없애려고 하니까 좀 귀찮아."

"새로운 행성에 가서 우리 수를 왕창왕창 늘리자!"

축하합니다!
서류 전형 합격자

1. 말라리아원충
2. 감비아파동편모충
3. 스파르가눔
4. 유구낭미충
5. 반크롭트사상충
6. 톡소포자충
7. 편충
8. 회충
9. 메디나충
10. 리슈만편모충
11. 요충
12. 주혈흡충

합격자 여러분 축하드립니다.
본 경연은 자기소개, 랩 배틀, 실전 경기 총 3라운드로 진행됩니다.
일주일 뒤 노벌레아 우주선이 여러분을 모시러 가겠습니다.
감사합니다.

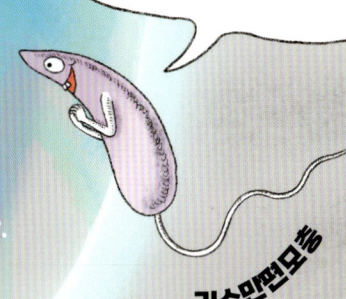

"드디어 나의 위대함을 은하계에 알릴 수 있겠군!"

리슈만편모충

스파르가눔

"같이 가 보지 않을래?"

메디나충

"예~!"

톡소포자충

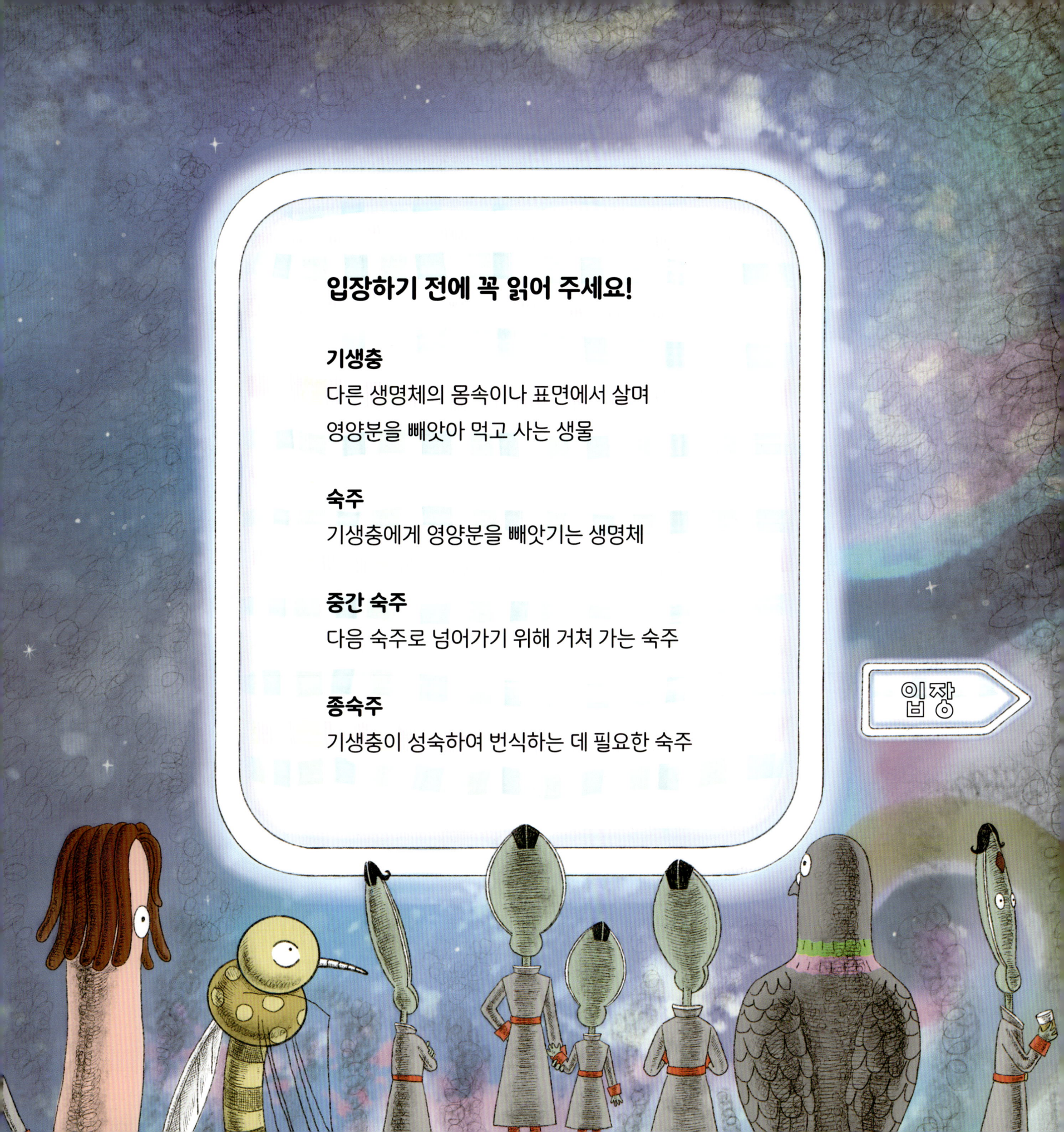

안녕하십니까?
저는 노벌레아 행성의 대표, 팅클링입니다.
이 자리에 와 주신 여러분께 진심으로 감사드립니다.

우리 노벌레아는 우주에서 가장 살기 좋은 곳이었습니다.
우리는 더 깨끗한 환경을 만들기 위해 무섭거나 귀찮은
동식물과 벌레, 병을 일으키는 세균을 우리 행성에서
아예 없애 버렸거든요.

수많은 약과 강력한 살충제를 통해 더 안전하고
깨끗해진 노벌레아는 그야말로 완벽해 보였지요.

그러나 기생충 여러분,
우리는 지난날의 행동을 너무나
후회하고 있습니다.

언젠가부터 노벌레아에는 **이유를 알 수 없는
피부 가려움증과 우리 몸이 스스로를 공격하는 이상한 병**이
크게 퍼지기 시작했어요!

게다가 모든 동식물의 모습이 비슷해지고, 산과 들의 풍경이
지루해지는 기이한 현상도 나타났습니다.

그러던 중 노벌레아 의료원은
지구 별의 깨끗한 나라들에서 놀라운 점을 발견했습니다!
몸에 기생충을 지닌 환자의 수가 줄어들수록
가려움 때문에 몸을 긁는 사람들과 자기 몸이 스스로를 공격하는
이상한 병에 걸린 환자의 수가 늘어난 겁니다.
이에 노벌레아는 '최고의 기생충' 대회를 열어
우리에게 도움이 될 기생충을 뽑기로 했습니다.

자기 몸이 자기 몸을 공격하는 요상하고 무서운 병

자가 면역 질환

우리 몸에는 건강을 지켜 주는 '면역계'가 있어요. 그런데 면역계가 같은 편인 우리 몸을 적으로 잘못 알고 공격하는 일이 생겨요. 이 증상을 '자가 면역 질환'이라고 한답니다.

너무~ 너무 예민해

알레르기

우리 몸에 그다지 위험하지 않은 바깥 물질에 대해 '면역계'가 너무 심하게 반응하여 나타나는 여러 증상을 뜻해요.

팅클링 대표님의 연설 잘 들었습니다.
본 경연에 앞서 서류 전형에서는 아쉽게 탈락했지만,
아주 인상적인 생존 방법을 보여 준 기생충들을 소개합니다.
깜짝 놀랄 만한 숙주 조종 능력을 가진 분들입니다!

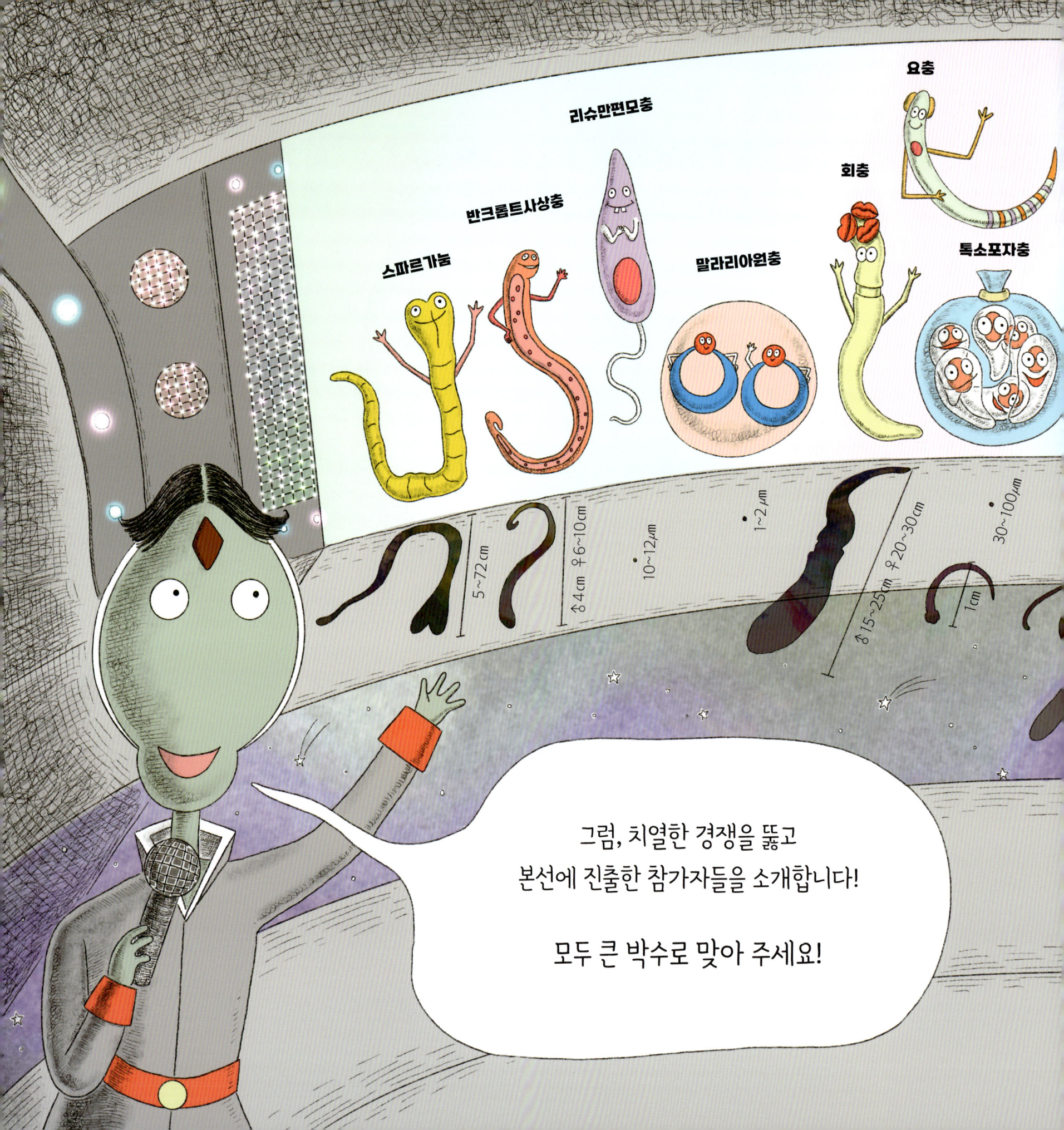

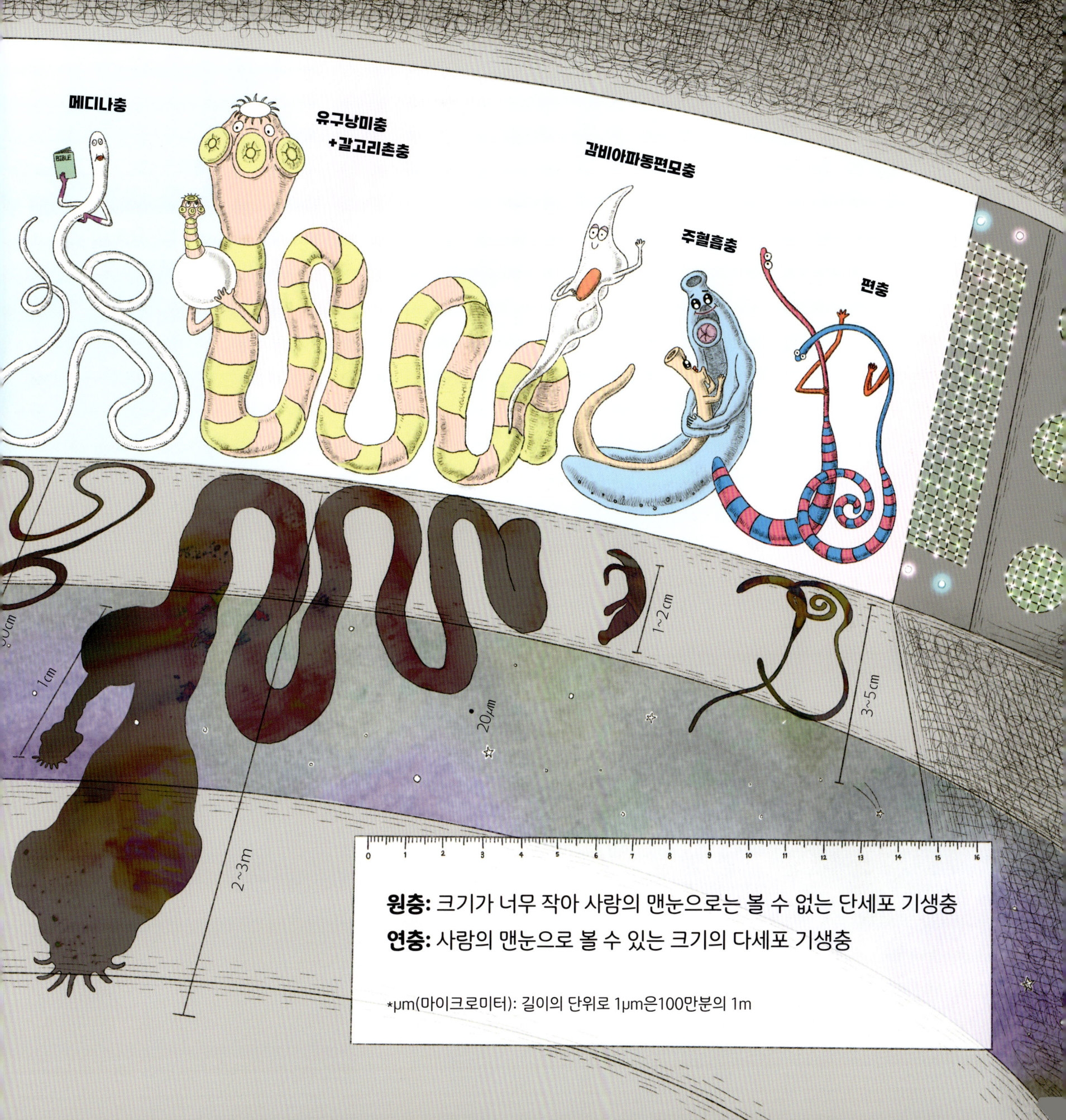

1라운드는 자기소개, 질문, 답변 순으로 진행합니다!
먼저 말라리아원충 씨 나와 주세요!

나를 빼놓고 기생충의 무시무시함을 말하지 말라~ **말라리아원충**입니다. 우리 말라리아원충은 여러 종류가 있지만, 나는 주로 아프리카에서 활동하는 '열대열 말라리아원충'입니다. 말라리아는 내가 일으키는 병의 이름이지만, 경연에서는 편하게 '말라리아'라고 불러 주세요!

모든 종의 기생충은 살아가기 위해 자기만의 특별한 성장 과정인 생활사를 거쳐야 해요. 나 같은 말라리아는 어린이 기생충인 '씨앗세포'가 되고 어른 기생충인 '짝짓기세포'가 되기 위해서 두 숙주의 몸을 거쳐야 하지요. 바로 **모기**와 **인간**이에요.

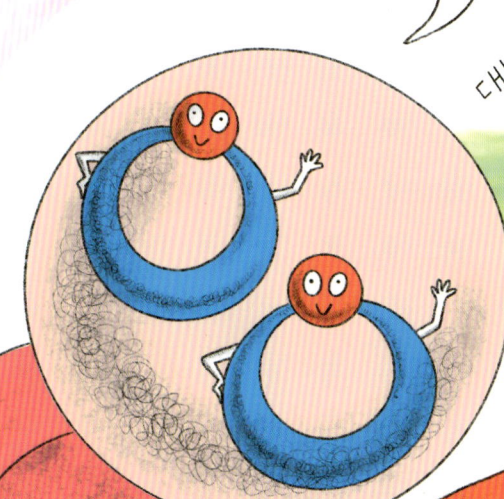

대부분의 기생충은 생활사의 각 시기마다 매우 다른 모습으로 변해요. 곤충처럼요!
우리 말라리아는 모기 타고 인간의 몸으로 이동, 간 세포와 적혈구 안에서 수를 늘려요. 그리고 다른 모기가 피를 빨 때 모기 몸으로 이동해서 번식하는 것을 반복하지요.

* 적혈구는 우리 피 속에 들어 있는 도넛 모양의 세포로, 붉은색을 띠며, 몸 곳곳에 산소를 배달한다.

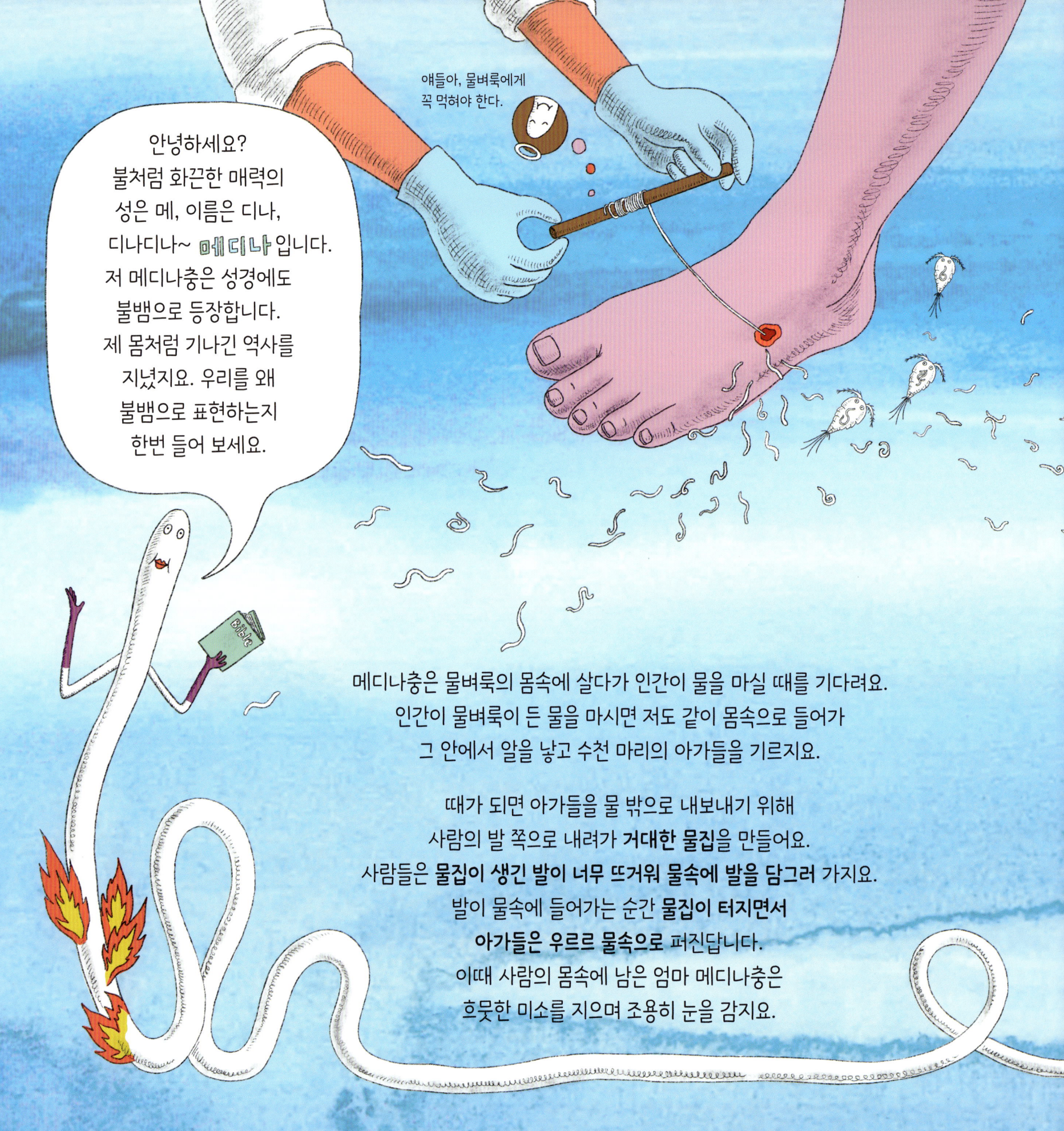

'기생충' 하면 누가 떠오르나요? 바로 나, 회충입니다!
기생충의 왕!
사실 자기소개하려니까 웃기네요. 나 몰라요?
회충 하면 기생충, 기생충 하면 회충!
이 정도 명성이면 2라운드로 갈 자격이 충분하지 않나요?

그래도 자기소개를 좀 더 해 주십시오.
대부분의 노벌레아인은 기생충을 처음 보니까요.

그렇다면 한 가지 비밀을 알려 드리죠.
우리는 어마어마한 번식 능력이 있어요.
회충암컷은 하루 20만 개의 알을 낳죠.

번식은 살아남기 위해
가장 중요한 부분이지요.
20만 개! 압도적인 숫자 아닙니까?

회충 씨, 그만하세요~
이제 제 차례예요. 안녕하세요?
톡 쏘는 매력의 **톡소포자충**입니다.
우리는 종숙주인 고양이에게 건너가기 위해
쥐를 조종할 수 있습니다.

쥐는 보통 고양이의 오줌 냄새를 무서워하지만, 우리를 삼킨 쥐는
겁이 싹 없어져요. 덕분에 고양이는 겁 없는 쥐를 잡아먹고,
우리는 고양이 몸속에 쏙 들어갈 수 있지요.

집 고양이는 톡소포자충에
감염될 확률이 아주 낮아요.
너무 걱정하지 마세요~!

기생충 학자들은 요즘 우리가 인간도
조종할 수 있는지 연구 중입니다.

보통 우리는 인간에게 해를 입히지 않지만,
**몸의 수비대인 면역계의 힘이 약해진
임산부나 에이즈 환자는 조심해야 해요.**
뇌와 관련된 병을 일으키기도 하거든요.
특히 우리는 뱃속의 태아에게 바로 갈 수
있으니 면역계가 약해진 분들은 조심하세요~

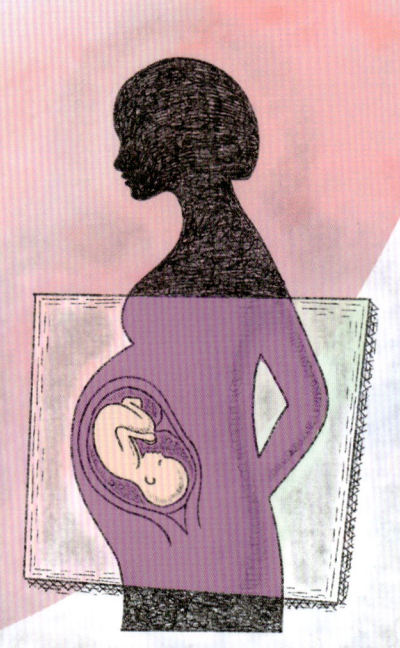

나는 **반크롭트 사상충**이에요.
혹시 코끼리 다리 병이라고 들어 봤나요?
다리가 퉁퉁 붓고 두꺼워져 결국은 코끼리 다리처럼
보이는 병이에요. 내가 바로 코끼리 다리를 만드는
주인공이지요. 노벌레아의 모습이 단조로워졌다니
재미가 없겠군요. 내가 여러분의 모습을 다양하게
바꿔 줄게요! 기대해 주세요!

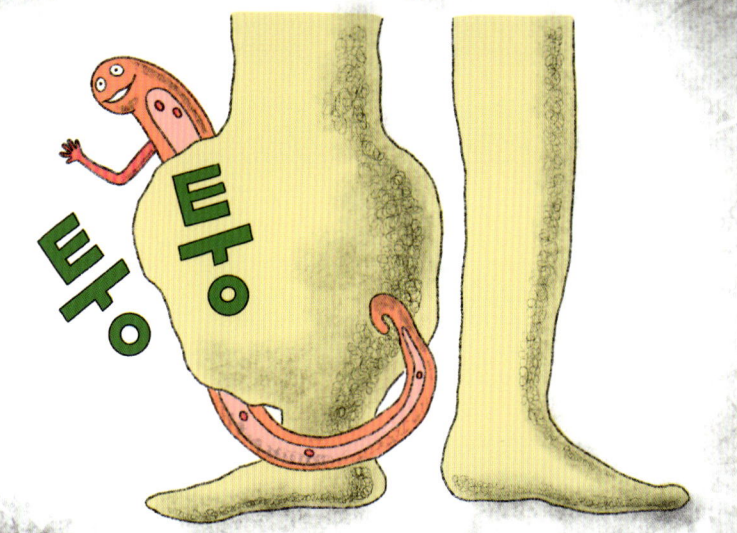

으으… 그런 식의 외모 변화는 좀 무서울 것 같은데요?

안녕하세요? 우리는 알콩달콩 꿀 떨어지는 **주혈흡충** 부부입니다.
제 몸에는 긴 터널 같은 홈이 있어요. 세상에서 가장 아름다운 제 아내는
이 홈에 자기 몸을 끼우지요. 저는 어린 아내를 먹이고 재우고 여행도 시켜 주며
어른으로 자라나게 도와줘요. 우리는 이렇게 한 몸이 되어 평생을 함께합니다.
진정한 사랑의 의미를 잃어 가는 이 시대에 우리 부부가 노벌레아인의
메마른 가슴을 촉촉하게 적셔 줄 수 있어요!

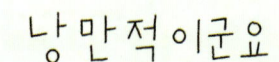

낭만적이군요.
노벌레아인들의 마음 치료에도
도움이 될 수 있겠는걸요?

안녕하세요. 요요요~ 요충입니다. 우리 요충은 사람들이 잠이 들면 항문 주변을 살살 기어다니며 알을 뿌려요. 그러면 사람들은 항문 주위가 가려워 손가락으로 긁게 되고 그 틈에 우리는 손가락에 들러붙게 되지요. 자유롭게 엉덩이를 긁고 그 손으로 과자를 집어먹는 어린이들! 엄청 사랑합니다~ 간지럽히기 대장 요충과 놀고 싶다면 손을 씻지 마세요!

똥을 거름으로 쓰던 시절에는 채소를 통해 사람 몸에 들어가기가 쉬웠지만, 요즘에는 정말 힘듭니다. 좋은 시절은 다 지나갔지만 어린이들이 우리의 남은 희망입니다!

유구낭미충

안녕하세요? 저는 유구낭미충이에요.
부모님은 갈고리촌충(유구조충)이지요.
저는 스파르가눔처럼 어린 기생충이지만,
따로 이름을 붙일 정도로 유명하지요.
제가 인간 몸속에 들어가게 되면
눈이나 뇌, 피부, 근육 가리지 않고
다 놀러 다닐 수 있어요.

← 갈고리촌충

돼지고기를 바싹 익혀 먹으라는 말도
저 때문에 나왔어요.
돼지가 중간 숙주이거든요.
요즘은 똥 먹는 돼지인 똥돼지도 없고
돼지에게 들어가기 너무 힘들어요. 힝!

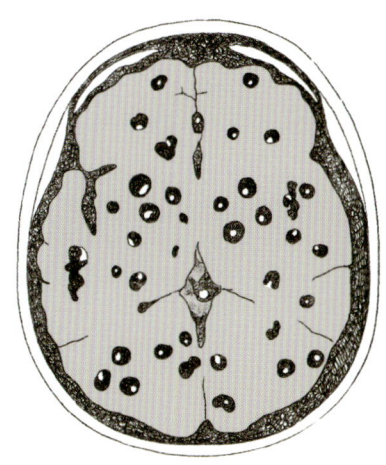

* 주의 *
심한 뇌 손상을
일으킬 수 있음!

← 유구낭미충에 감염된 뇌

못 보겠어!

안녕하세요? 우리는 아름다움을 사랑하는 **편충**입니다. 우리는 조용히 인간의 장에 매달려 살지요. 우리 부부는 **꿀렁꿀렁 솨아아 불룩불룩** 몸속 오케스트라를 감상하며 춤추는 것을 좋아해요. 우리는 조용한 삶을 원하지만, 지구에서 살기가 점점 힘들어져 대회에 나왔습니다. 물론 **우리 알이 인간에게 이로움을 줄 수 있다는 연구들이** 발표되며 주목받기도 했지만 무엇보다 우리는 새로운 곳에 가 보고 싶어요. 우리 알이 무슨 이로움을 주냐고요? 그건 2라운드에 올라가면 알려 줄게요!

나는 대담하게 적군의 몸속에 슈슈슛 들어가서 사는 **리슈만편모충**입니다.
인간의 면역 수비대 중 침입자를 잡아먹는 대식세포는 아주 위험하지요. 그러나
나는 이 **대식세포에게 일부러 잡아먹히고는 그 안에서 대식세포를 조종**한답니다.

나는 숙주의 얼굴이 없어질 때까지 얼굴의 부드러운 부분을 갉아먹어요.
노벌레아 행성이 단조로워지는 게 걱정이라죠? 나에게 맡겨 주세요.
아주 다양한 모양으로 얼굴을 조각해 드릴게요!

으악! 능력은 대단한데, 얼굴을 갉아먹는 일은
우리 노벌레아인 대부분이 싫어할 것 같군요.

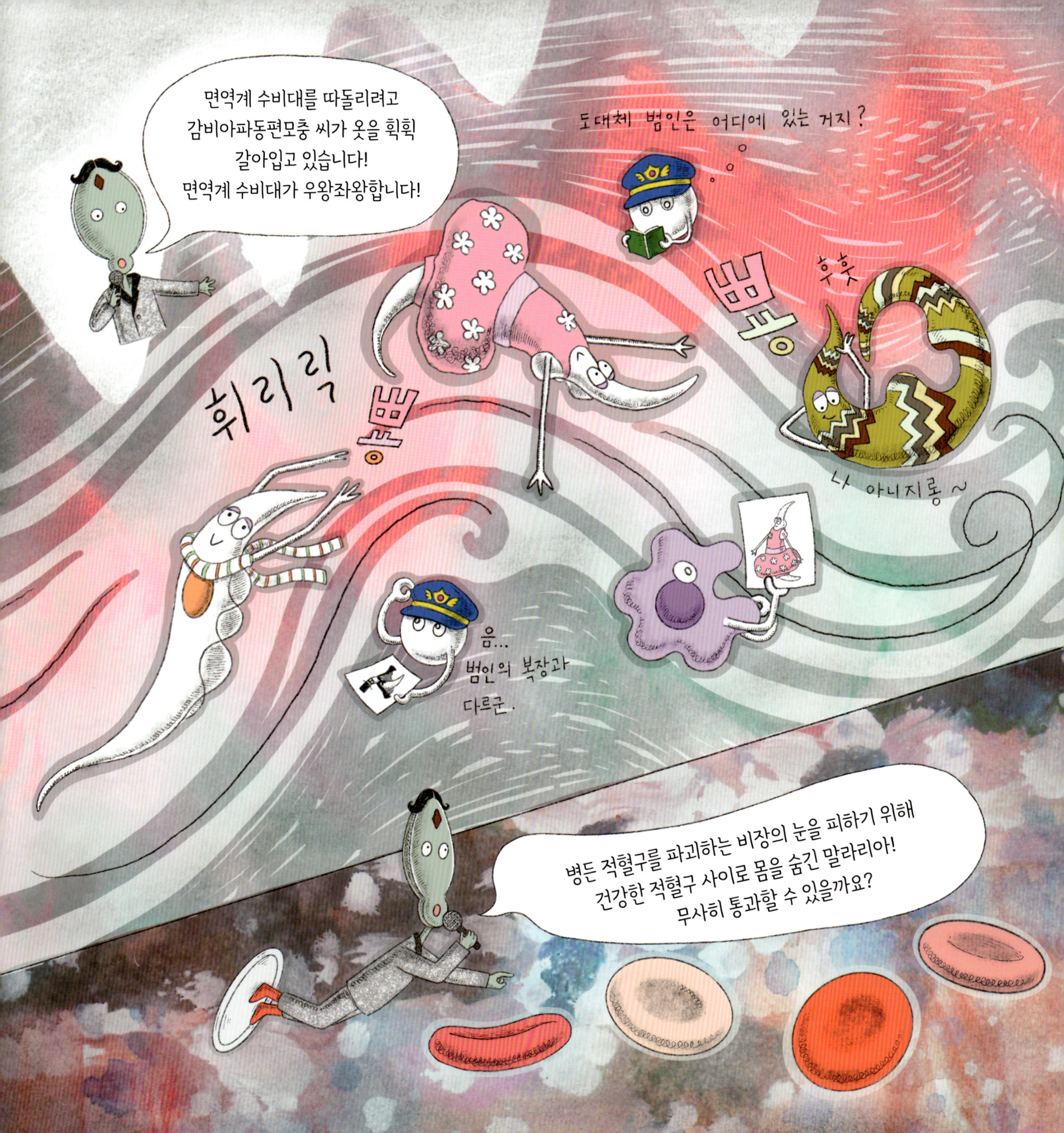

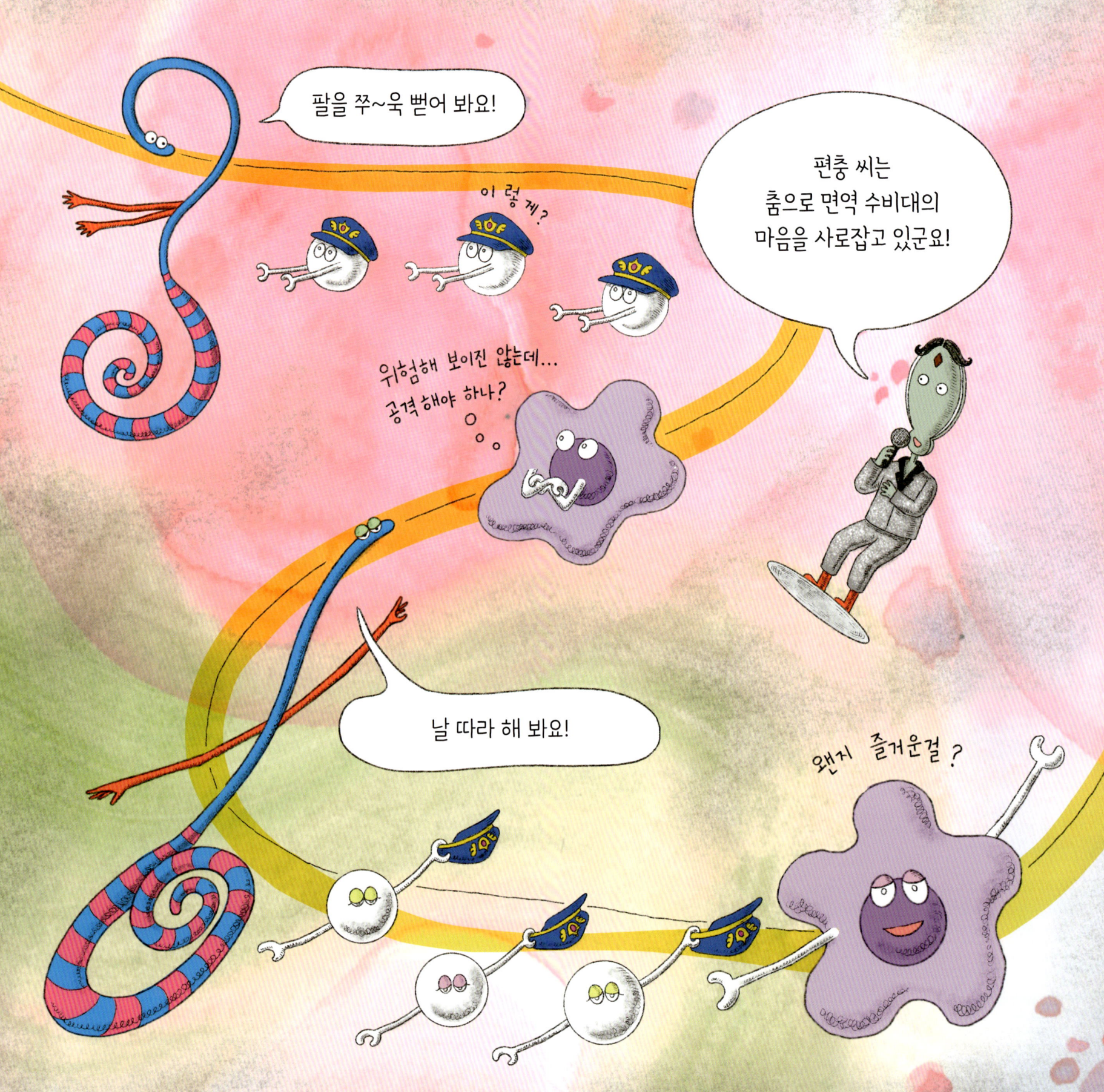

안녕?
우주의 아이들아!
나는 노래하고 춤추는 것을 좋아하는 편충이야.

너희에게 꼭 하고 싶은 말이 있어.

기생도 살아가는 하나의 모습이라는 걸 알아주길 바라.
기생충이라고 해서 다 나쁜 건 아니란다.

기생충이 숙주를 못살게 구는 것은
아직 함께하는 법을 몰라서 그래.

어떻게 하면 우리가 다 함께 잘 지낼지 고민해 보자.

언젠가 우리가 진짜로 만나게 되면 반갑게 인사해 줘!

기생충 친구들…zzz

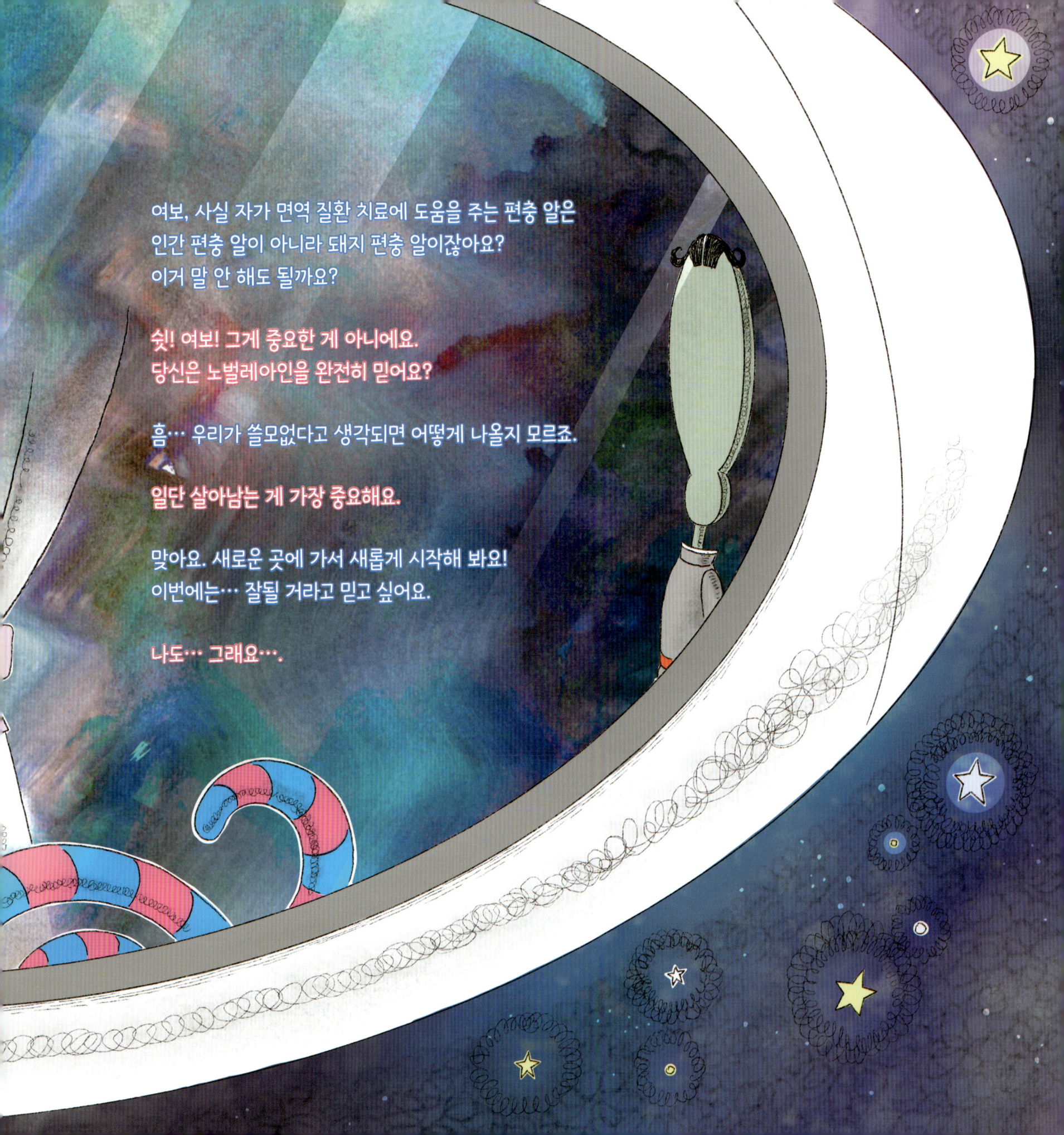

여보, 사실 자가 면역 질환 치료에 도움을 주는 편충 알은
인간 편충 알이 아니라 돼지 편충 알이잖아요?
이거 말 안 해도 될까요?

쉿! 여보! 그게 중요한 게 아니에요.
당신은 노벌레아인을 완전히 믿어요?

흠… 우리가 쓸모없다고 생각되면 어떻게 나올지 모르죠.

일단 살아남는 게 가장 중요해요.

맞아요. 새로운 곳에 가서 새롭게 시작해 봐요!
이번에는… 잘될 거라고 믿고 싶어요.

나도… 그래요….

팅클링 대표는 그 뒤 매년 최고의 기생충 대회를 열어
기생충 이주에 적극적으로 힘썼으며 노벌레아 행성을 되살리는 데
큰 업적을 남긴 지도자로 평가받고 있답니다.

이 그림책을 만드는 데
도움을 주신 분들께
진심으로 감사드립니다.

기생충 공부에 도움 주신 분들 :

기생충박물관
기생충 제국 | 칼 짐머 글 | 이석인 옮김 | 궁리
서민의 기생충 열전 | 서민 글 | 을유문화사

음악 제작에 도움 주신 분들 :

김홍경, 이종성, 최수빈

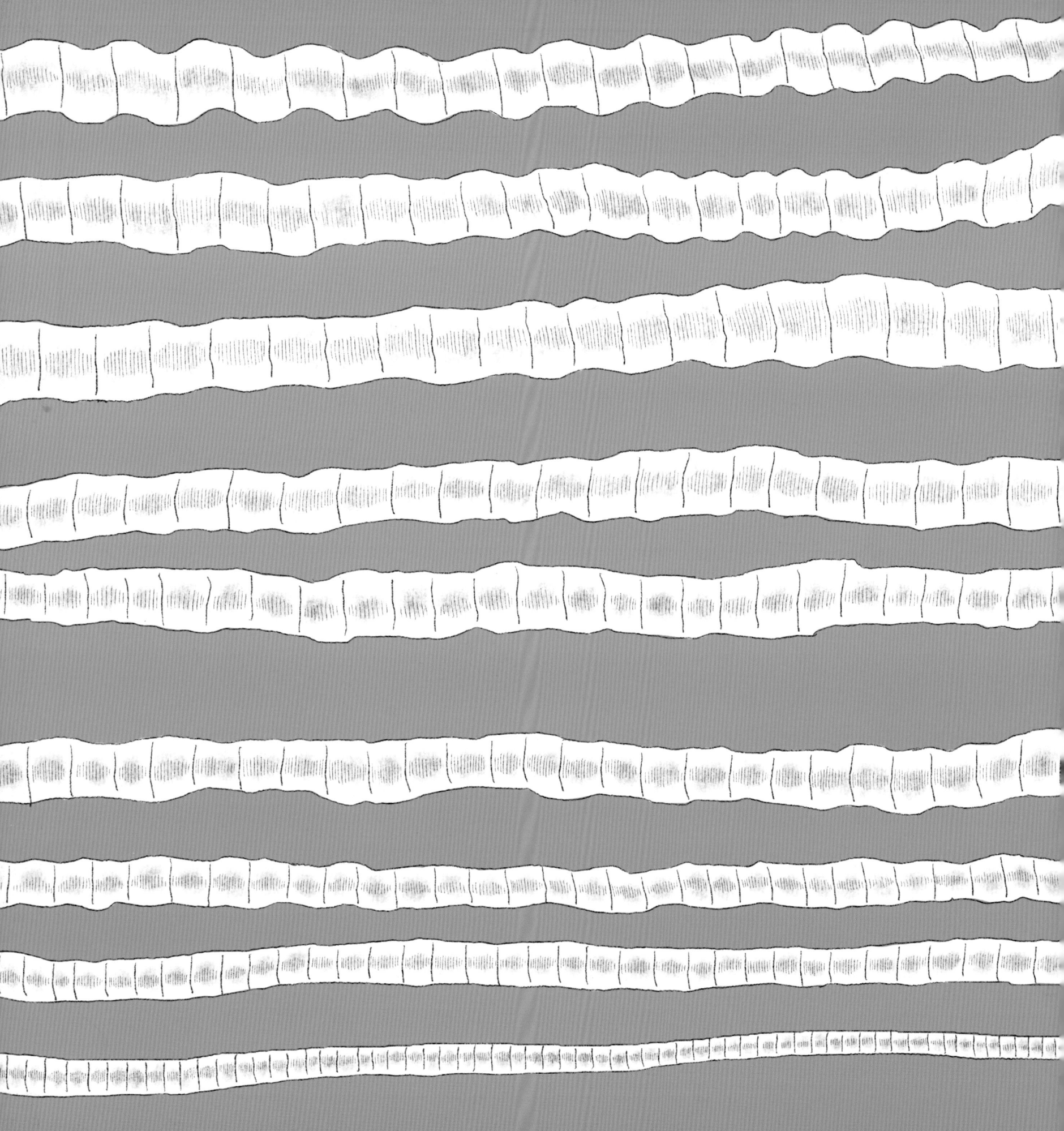